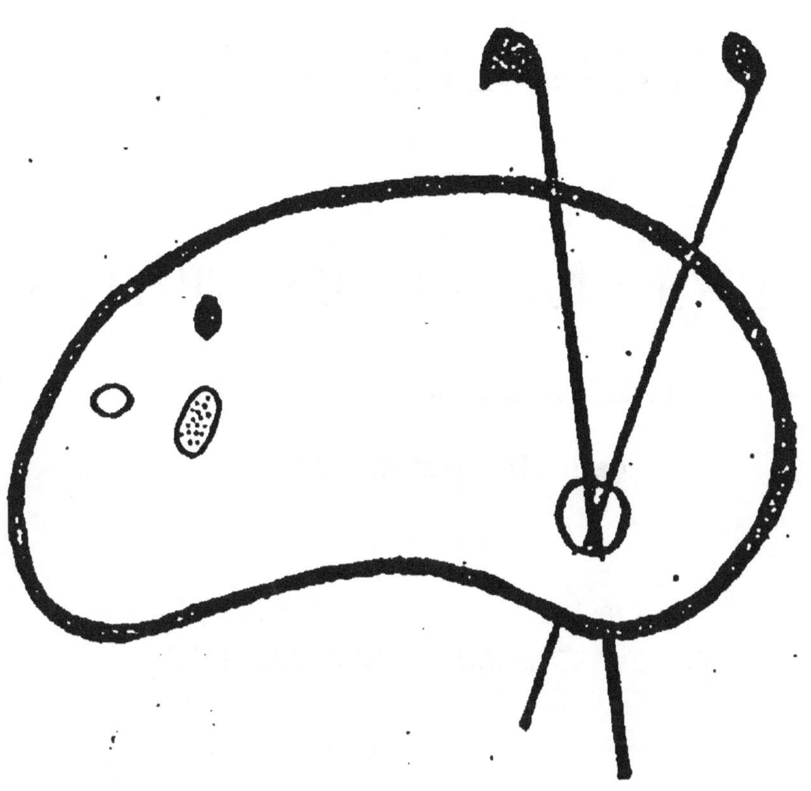

DEBUT D'UNE SERIE DE DOCUMENTS
EN COULEUR

CONFÉRENCE

FAITE

AUX INSTITUTEURS ET INSTITUTRICES

de la Loire-Inférieure, de l'Hérault

de la Marne et du Cher

PAR

M. J. CHAILLEY-BERT

PARIS

AU SIÈGE DE L'UNION COLONIALE FRANÇAISE

44, RUE DE LA CHAUSSÉE D'ANTIN, 44

1900

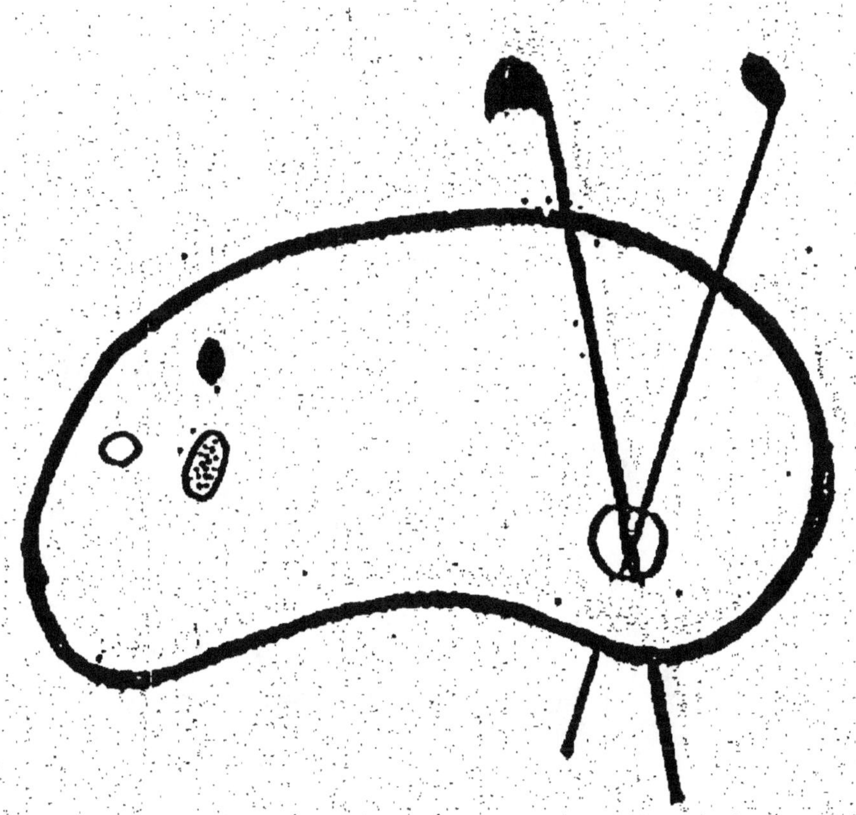

FIN D'UNE SERIE   DOCUMENTS
EN COULEUR

CONFÉRENCE

FAITE

AUX INSTITUTEURS ET INSTITUTRICES

de la Loire-Inférieure, de l'Hérault
de la Marne et du Cher

PAR

M. J. CHAILLEY-BERT

PARIS

AU SIEGE DE L'UNION COLONIALE FRANÇAISE

44, RUE DE LA CHAUSSÉE-D'ANTIN, 44

1900

LA COLONISATION FRANÇAISE

ET

L'ENSEIGNEMENT PUBLIC

I. — Utilité de s'adresser à l'opinion publique par l'intermédiaire d'instituteurs

Pourquoi m'adressé-je aujourd'hui plus particulièrement aux instituteurs et aux institutrices ? C'est que vous disposez de l'opinion publique ; c'est vous qui formez les jeunes esprits ; c'est vous qui pouvez, après avoir instruit les élèves, intruire les parents. Il y a des pays et, chez nous il y eut un temps où il n'était pas besoin de recourir à l'opinion publique pour appliquer une idée. Il est évident, par exemple qu'en Allemagne, quand l'empereur Guillaume a voulu se départir de la politique de Bismarck et orienter l'Allemagne vers la politique coloniale, il n'a pas eu besoin de faire appel aux instituteurs allemands ; il a eu simplement besoin de dire : Je veux que cela soit, et cela a été. Parce que l'Allemagne est un pays fortement hiérarchisé ; au-dessous de l'empereur il y a les grands seigneurs, les courtisans et, par leur intermédiaire, la volonté impériale descend par tous les échelons pour arriver enfin à la masse de la population, et l'ordre de l'empereur devient la loi du peuple. Dans notre pays, au temps de Louis XIV et de Napoléon Ier, quand le roi ou l'empereur voulait une chose, il n'avait pas besoin de faire appel à l'opinion publique ; il voulait que cela fût, et cela était, — ou du moins (et cette restriction fait pressentir la supériorité de la méthode moderne) cela paraissait être. Quand, en 1664, Louis XIV voulut faire de la politique coloniale et créer les grandes compagnies coloniales, il n'eut qu'un mot à dire à son premier ministre, Colbert, qui le répéta aux intendants, lesquels le redirent aux évêques et ceux-ci aux curés de village, pour que de proche en proche, la parole du roi fût connue de tous. Il se rencontrait bien quelquefois des villes récalcitrantes qui ne voulaient pas mettre leur argent dans les affaires coloniales comme le demandait le roi ; alors, un beau jour, on voyait arriver une troupe de quelques centaines ou de milliers d'hommes qui venait loger dans la ville, non pas un jour et une nuit comme à notre époque, mais pendant un mois, deux mois, jusqu'à ce que la ville se décidât à payer.

Aujourd'hui, nous n'avons pas cette ressource. Il ne suffit pas de dire un mot, de donner un ordre. Nous sommes obligés de nous adresser directement à l'opinion publique, ou plutôt de nous adresser à l'opinion publique par l'intermédiaire de ceux qui disposent d'elle, c'est-à-dire des instituteurs, du corps enseignant.

Il y a bien la presse ; mais elle ne produit qu'une impression passagère ; quand un journal y met de la bonne volonté, il publie deux, trois, quatre colonnes sur une question coloniale, mais le journal est plus ou moins hâtivement lu et le lendemain sera probablement oublié.

Si l'instituteur accepte dans son cœur de nous aider dans notre tâche, il fera une œuvre durable, parce qu'il s'adresse à ses élèves non pas une fois, non pas pendant un jour, mais pendant toute l'année, parce qu'il peut, continuellement, faire sa prédication. Il peut donc devenir le collaborateur de l'œuvre que nous avons entreprise.

Voilà pourquoi cette grande société d'initiative privée dont M. l'Inspecteur vous a parlé, l'*Union Coloniale Française* qui, depuis sept ou huit ans s'est donné pour tâche la propagande coloniale, après avoir cherché de tous côtés de qui elle pourrait demander le concours, a fini par comprendre qu'elle devait, et a espéré qu'elle pouvait demander aux instituteurs et aux institutrices de répandre la doctrine coloniale.

Moi qui suis aujourd'hui son porte-parole, je voudrais, en aussi peu de temps qu'il est possible, passer en revue devant tous quelques-unes des idées les plus essentielles au sujet des questions coloniales.

II. — Nécessité d'une politique coloniale

Je vois devant moi bien des jeunes têtes pour qui le passé même récent est lettre close, mais j'aperçois aussi quelques têtes chenues (et quelques têtes chauves) qui peuvent se rappeler comme moi ce qu'était la politique coloniale il y a quinze ans ? Ces grands patriotes Jules Ferry et Paul Bert, tous deux à qui, non seulement le corps enseignant, mais la France entière doit tant, à qui elle doit en particulier la Tunisie et le Tonkin grande source de richesse pour notre pays, Jules Ferry et Paul Bert, en 1885 et 1886, étaient accablés sous l'épithète de « tonkinois », et tous ceux qui s'étaient associés à leur campagne étaient flétris de cette même épithète. Nombre de sénateurs et de députés qui avaient voulu s'associer à cette politique coloniale, supportèrent longtemps l'impopularité qui y était attachée. Aussi, n'est-il pas inutile, encore aujourd'hui, de développer devant le corps enseignant les raisons pour lesquelles on a fait et l'on a dû faire de la politique coloniale.

La politique coloniale vient d'un état de choses contre lequel un pays isolé ne peut rien, parce qu'il est le résultat d'un mouvement auquel toutes les nations sont obligées d'obéir. Vous avez étudié l'histoire mieux que personne ; vous savez comment les nations ont joué dans le monde un rôle d'abord par la force de leur génie, par des qualités qui étaient dans leur esprit et qui faisaient que, quoique très petites, certaines d'entre elles ont exercé au loin une action considérable. Je ne parle parle pas seulement de l'ancien monde, d'Athènes, de Rome, des républiques grecques, qui ont tenu une si large place dans l'humanité ; je songe, par exemple, à la petite république de Venise, et à la plus petite république de Gênes. Que sont Venise et Gênes et toutes ces républiques italiennes, qui ont joué un si grand rôle dans la civilisation ? Perdues, fondues, noyées dans la masse de l'Europe.

Après Venise et après Gênes, d'autres petites nations ont joué un rôle considérable, la Hollande, par exemple, qui pendant longtemps balança l'Angleterre et arrêta la fortune de Louis XIV, — le Portugal, qui tenait dans l'Europe du xve au xvie siècle, une place si considérable que le pape Martin V partagea entre lui et l'Espagne les nouveaux territoires que l'on découvrait chaque jour. Que sont devenus la Hollande et le Portugal ? Disparus, diminués tout au moins, au point de ne plus compter en Europe.

Nous-mêmes, la France, qui avons été au xviie et au xviiie siècle une si grande nation, nous qui avons marqué à notre empreinte toute l'Europe, si bien qu'encore aujourd'hui certains pays en gardent la trace profonde, pourquoi avons-nous été si forts ? Parce que, au milieu des populations éparses, en face de l'Allemagne divisée en quatre cents petits Etats, nous étions la seule puissance homogène en Europe. Si vous considérez la situation de l'Europe vers 1680, vous verrez qu'il n'y avait pas une masse aussi considérable que la France et placée dans une position aussi avantageuse, dans le centre de l'Europe. Et cela nous assurait une primauté incontestable. Peu à peu, nous avons vu les diverses nébuleuses de l'Europe centrale se condenser. Que sont devenus les quatre cents Etats de l'Allemagne ? Perdus, fondus dans la masse de l'Allemagne. Que sont devenues les nombreuses républiques italiennes ? Perdues, englobées, noyées dans la masse de l'Italie... Autour de nous se sont constituées des masses compactes, d'une puissance énorme, au milieu desquelles la France de 1900 a diminué comme masse et comme influence.

C'est ainsi que depuis 30 ans, nous avons vu se constituer des colosses. Nous sommes dans l'ère des colosses.

Le monde comporte actuellement un certain nombre de colosses. C'est d'abord le colosse anglo-saxon ; non pas seulement l'Angleterre, mais les terres que l'Angleterre a eues ou a sous sa domination, c'est d'abord l'Australie, le Cap, le Canada, etc.; mais c'est aussi les Etats-Unis, qui se sont affranchis de la règle de l'Angleterre et qui sont restés néanmoins la plus belle des colonies fondées par l'Angleterre, parce qu'ils sont habités par des millions de gens de langue anglaise, et qu'ils appartiennent au monde britannique au point de vue économique, puisque les Etats-Unis font un commerce s'élevant annuellement à près d'un milliard de francs avec l'Angleterre.

De l'autre côté, c'est le colosse russe. Napoléon avait dit que l'Europe serait cosaque. Napoléon s'est trompé. Le monde, mais non pas l'Europe, devient cosaque : tout le nord de l'Asie est russe, une partie de l'Asie centrale est russe, et la domination moscovite s'étend de Vladivostock jusqu'aux portes de Constantinople. C'est une masse formidable qui compte plus de 120 millions d'habitants, qui parle une langue unique et professe une religion unique ; cette masse va jouer, au point de vue de la gravitation humaine, une influence prépondérante.

Nous avons ensuite le colosse allemand. La poussière des

quatre cents petits États d'autrefois, les nébuleuses des siècles derniers sont devenues ce colosse né d'abord d'une erreur de Napoléon Ier, lequel a permis la réunion d'un certain nombre de ces États, et d'une faute lourde de Napoléon III, lequel a permis, en 1866, la constitution d'une organisation politique contraire à tous nos intérêts. Depuis, le colosse allemand a grandi ; depuis 1870, sa population a augmenté de 12 millions d'habitants, tandis que la nôtre est restée stationnaire. Cette population allemande déborde ses frontières ; elle s'en va dans les États-Unis, non plus comme il y a cinquante ans, à l'époque de la découverte de la Californie et du premier peuplement du Far-West, où elle perdait sa langue et ses traditions, mais conservant désormais ses traditions et sa langue, avec des écoles allemandes, des journaux allemands, groupée dans l'Ouest, avec une capitale : Chicago, comptant aujourd'hui un total de 17 millions d'individus ; et qui s'adresse, pour ses besoins, non pas au commerce de l'Angleterre, mais certainement au commerce et à l'industrie de l'Allemagne.

Enfin, nous voyons un quatrième colosse : le colosse espagnol. Cette Espagne qui a récemment perdu les Philippines, Cuba, Puerto-Rico, et qui vient, pour 25 millions de marcks, de vendre les Carolines, les Mariannes et presque tout ce qui restait de son empire colonial, cette Espagne a eu le talent de s'allier avec les races indigènes, qu'elle a commencé par persécuter au point de vue religieux mais avec lesquelles elle s'est peu à peu fondue, et cette race nouvelle a propagé la langue et la civilisation espagnoles dans toute l'Amérique du Sud, si bien que la langue espagnole, aujourd'hui, est parlée par un bien plus grand nombre d'hommes que notre langue française.

Voilà donc quatre colosses constitués, les uns depuis longtemps, les autres depuis quelques années seulement. Vous voyez en face de quelles puissances se trouve maintenant la France, cette France qui, au XVIIe et au XVIIIe siècle, avait révolutionné l'Europe, non pas seulement par la force militaire de la grande Révolution, mais encore par ses idées et son influence. Vous voyez qu'elle se trouve concurrencée et peut-être même distancée par ces nations qui se sont si prodigieusement développées dans la dernière partie de ce siècle.

En face de leur essor, pouvons-nous abdiquer ? Était-il permis que de si grandes influences se forment sans que nous développions la nôtre. Pouvions-nous, au milieu du monde

qui se transforme, en face de ces pays qui s'agrandissent, rester la petite France actuelle avec ses 38 millions d'habitants ?
Avec à notre droite la Suisse qui parle un peu français, mais qui ne nous aime pas ; au nord-est la Belgique qui parle également français, mais qui a de nous une certaine défiance. Devions-nous rester avec les quelques colonies échappées au désastre de notre politique coloniale de l'ancien régime, dans lesquelles nous enverrions quelques rares colons? Était-ce suffisant pour développer notre langue et notre civilisation ?

Cela était impossible. Alors que nous voyions se former autour de nous les quatre grands colosses dont je viens de parler et qui jouent le rôle dans le ciel d'Europe des grandes planètes, Jupiter et Saturne; allions-nous laisser la France descendre au rang d'une planète de troisième ou de quatrième ordre. Ç'aurait été d'un mauvais patriotisme. Il a fallu que nous sortions de notre inaction et que nous nous reprenions ; il a fallu comprendre qu'il n'y a pas deux Frances: l'ancienne France et la France de la Révolution. Il n'y a qu'une France, qui a ses traditions, sa civilisation, qui a eu sa politique coloniale sous nos rois, avec Richelieu sous Louis XIII, avec Colbert sous Louis XIV et même, sous le faible Louis XV, avec Choiseul. Voilà les grandes traditions que nous trouvons dans notre histoire jusqu'en 1763 où, par le traité de Paris, nous avons perdu la plus grande partie de notre empire colonial, les Indes aujourd'hui anglaises, le Canada aujourd'hui anglais, etc.

Depuis cette époque jusqu'en 1880, il n'y a pas eu de politique coloniale. Mais, à cette date, Jules Ferry, reprenant les traditions interrompues, a continué notre ancienne politique coloniale. A son œuvre se sont associés un certain nombre d'hommes, parmi lesquels M. Paul Bert, et un autre dont il faut vous rappeler le nom et à qui, récemment, l'Union coloniale a décerné une médaille d'or, pour les grands services qu'il a rendus à la cause coloniale, M. Eugène Etienne.

Gambetta, Jules Ferry, Paul Bert, Etienne ont donné à la France un nouvel empire colonial. Cet empire colonial il nous le fallait; il nous était indispensable ; sans cela la France, au milieu des grandes puissances, disparaissait et perdait son influence. Donc, reprenant les traditions de Richelieu et de Colbert, Jules Ferry, continuant les idées dont je vous ai parlé, comprit la nécessité de donner à la France des Nouvelle-France, comme disait Richelieu, une France d'outre-mer, une Plus Grande France.

En 1875 et surtout en 1880, nous avons donc inauguré une nouvelle politique coloniale qui, en vingt années, nous a donné un empire colonial immense, grand comme seize fois la France continentale. Ç'a été la politique coloniale de la troisième République.

III. — Sécurité de nos possessions coloniales

Je voudrais vous montrer tout de suite que cette politique coloniale, inaugurée depuis vingt ans, n'est pas chose passagère et que l'empire colonial qu'elle nous a valu, nous ne sommes pas exposés à le perdre, comme nous avons perdu l'empire colonial fondé sous Louis XIII et Louis XIV. C'est en effet le premier argument qui doit venir à votre esprit contre la théorie et la pratique de la politique coloniale actuelle.

N'avons-nous pas eu, depuis trois cents ans, la politique coloniale de Richelieu, de Colbert et de Choiseul ? Où sont les colonies fondées par eux ? Perdues, disparues ; prises, conquises par nos ennemis. Celles que nous avons de nouveau conquises, vont-elles passer, elles aussi, entre leurs mains ? Sommes-nous en train de travailler pour l'Angleterre ? Voilà la première objection qui doit vous venir à l'esprit.

Nous avons perdu nos anciennes colonies pour deux motifs qui ne se reproduiront plus.

Le premier tient à la politique que nous avons suivie en Europe. Sous Louis XIII, Louis XIV et Louis XV, la France n'a sérieusement songé qu'à faire de la politique continentale ; elle était une grande puissance européenne ; elle voulait d'abord abaisser la maison d'Autriche, puis mener l'Europe : tout y a été subordonné.

Richelieu avait fait la France ; Louis XIV recula ses frontières. Quand Louis XIV et Louis XV eurent accumulé sur la France l'hostilité de toute l'Europe, la Prusse, la Russie, l'Autriche, l'Angleterre, la Hollande nous attaquèrent. Nos rois défendirent la France continentale, mais abandonnèrent la France coloniale. L'idée de la France coloniale, l'idée d'une politique coloniale n'était pas assez puissante sur leur esprit ; ils étaient dominés par l'idée de la France continentale et firent le sacri-

fice de la France coloniale. Peut-être n'étaient-ils pas de taille
à défendre les deux politiques. C'est ainsi qu'ils se décidèrent
à abandonner le Canada et les Indes plutôt que de sacrifier des
territoires en Europe. Voilà quelle a été l'origine de nos premiers désastres coloniaux.

Mais aujourd'hui, en Europe notre politique est toute autre.
Plus rien à prendre, plus de place libre ni pour nous, ni pour
personne. Il est possible qu'il y ait encore quelques populations slaves destinées à subir des viscissitudes politiques; il
est possible qu'il existe entre Venise et Constantinople certains
territoires qui ne sont pas encore entre les mains de leurs
maitres définitifs. Mais cela ne peut guère nous intéresser.
Nous réservons la question de nos provinces perdues. Mais,
en dehors d'elles, nous n'avons aucun désir de faire la guerre ;
nous pratiquons une politique pacifique, libérale, qui ne peut
nous attirer d'ennemis sur le continent. Nous sommes donc
provisoirement libres de nos forces et nous devons nous en
servir pour agir du côté de la politique coloniale. Le temps
ne reviendra plus où nous aurons à choisir entre la France
continentale et la France coloniale.

D'autre part, même en admettant une guerre en Europe,
nous ne nous trouverons plus dans la dure nécessité d'avoir à
abandonner nos colonies. Voici pourquoi :

Nos anciennes colonies n'étaient pas armées; et en outre,
elles ne pouvaient pas se nourrir. Pour se défendre, elles
devaient faire venir des hommes de France, comme pour se
nourrir elles devaient faire venir des vivres de France. Dans
les documents de notre politique coloniale d'autrefois, à tout
moment, on voit revenir des énumérations de barils de farine,
de tonneaux de bœuf salé expédiés aux colonies. Voilà ce que,
du temps de Colbert et de Choiseul, on y envoyait constam-
ment.

Aujour-l'hui, cela n'est plus nécessaire. Je ne dis pas qu'il
y a quatre ou cinq ans, si l'on nous avait déclaré la guerre,
nous n'aurions pas été pris à l'improviste. Personne en France,
jusqu'à ces derniers temps, ne songeait à une guerre qui pouvait nous venir du côté de l'Angleterre; on ne voyait venir la
guerre que de l'est; on ne songeait pas que nous puissions
avoir d'autre ennemi que l'Allemagne. Pour nous ramener aux
souvenirs de la guerre de Cent ans, il a fallu les derniers
événements de l'Egypte, et surtout de la Haute-Egypte, l'inci-

dent scandaleux de Fachoda. C'est cet incident de Fachoda qui nous a ouvert les yeux, alors que nous vivions depuis longtemps dans cette pensée que l'Angleterre était un pays essentiellement pacifique, où l'on avait le respect du droit et dont nous ne devions rien craindre. Nous n'avions donc pris aucune précaution et il a fallu le coup de canon de Fachoda pour nous ouvrir les yeux.

La leçon n'a pas été perdue pour nous. Vous avez peut-être lu dans les journaux dernièrement des réclamations de commerçants qui se plaignaient de n'avoir pu depuis peu rien expédier à Madagascar ou en Indo-Chine; il y avait sur les quais du Havre, de Bordeaux et de Marseille des centaines de tonnes de marchandises que les Compagnies de navigation, la *Compagnie Transatlantique*, les *Chargeurs Réunis* ou les *Messageries Maritimes* ne chargeaient pas. Cela ne vous a-t-il pas paru extraordinaire que des Compagnies constituées pour faire des transports refusassent de transporter? Il y avait à leur inaction une raison. L'Etat, dans certains cas, a le droit de passer sur leurs bateaux avant les particuliers; elles n'y embarquent plus les marchandises pacifiques parce qu'elles prennent, à la place, des marchandises de guerre, des canons, des armes, de la poudre, des munitions, et tout l'outillage nécessaire pour armer les colonies et les mettre en état de se défendre; et, au lieu de passagers, elles embarquent des soldats. C'est ce qui explique que pendant quelques semaines, les bateaux n'ont plus transporté de marchandises et que notre commerce a eu à souffrir du manque de bateaux.

Mais qui veut la paix doit se préparer à la guerre. Nous ne sommes pas belliqueux : nous ne préparons pas la guerre pour attaquer, mais pour nous défendre.

Il y a encore autre chose : pour qu'une colonie puisse résister, il faut qu'elle puisse vivre. Pourquoi Cuba, avec son armée intacte de 60.000 hommes, a-t-elle succombé devant les Américains ? Parce que cette colonie ne s'occupait que de cultures tropicales et ne produisait pas les céréales nécessaires à l'homme pour se nourrir. Ceci encore a été une leçon pour nous, et, à l'heure actuelle, je crois pouvoir vous dire que nos colonies sont en sûreté de ce point de vue. Elles produisent ce qu'il leur faut pour se nourrir.

En cas de guerre, que deviendraient donc nos colonies ? Vous pouvez les diviser en deux groupes : d'abord un groupe qui est perdu d'avance, que nous devons provisoirement abandonner, sauf, plus tard, au moment de la paix, à faire le réglement qui conviendra. Puis, le groupe imprenable.

Le groupe perdu d'avance est formé par nos possessions isolées, c'est-à-dire la plupart de nos anciennes colonies.

Le groupe inattaquable comprend les autres colonies, les colonies pour ainsi dire neuves. C'est tout d'abord l'Afrique du nord, avec ses deux parties, la Tunisie et l'Algérie auxquelles, je puis bien le dire maintenant — car il ne se passera certainement pas vingt ans avant que la chose soit faite — nous pourrons en ajouter une troisième, qui sera peut-être la plus remarquable : le Maroc. L'ennemi ne peut pas menacer notre Afrique du Nord. Il pourrait y faire un débarquement ; cela est toujours possible sur une côte ouverte ; mais avec notre régime de chemins de fer, avec nos auxiliaires indigènes, nos arseuauxet nos cultures, nous avons les moyens de nous ravitailler, en hommes, en munitions et en provisions, nous pouvons nous défendre et nous nourrir indéfiniment. L'ennemi qui pénétrerait dans la Tunisie ou dans l'Algérie ne pourrait y tenir bien longtemps.

Nous avons ensuite notre Afrique occidentale, qui va du Sénégal au Dahomey. Là également, nous avons le moyen de nous nourrir, non pas avec les produits riches des pays tropicaux, mai : avec les deux choses indispensables à l'homme : le blé et la viande. Dans le groupe des colonies imprenables dont je parle, on a de la viande et du blé. Quelle que soit la céréale avec laquelle on fait le pain : riz, en Indo-Chine et à Madagascar ; mil ou blé, dans l'Afrique occidentale ; blé, en Tunisie et en Algérie, peu importe, ces céréales dans lesquelles l'homme trouve les éléments azotés et amidonnés dont il a besoin, se rencontrent dans nos colonies d'Afrique et d'Asie. Quant à la viande, elle leur sera fournie, par les buffles, par les petits bœufs de l'Annam et de l'Algérie, par les bœufs à bosse de Madagascar, etc. Nous avons donc partout de quoi nous nourrir en viande et en céréales.

Ce second groupe de l'Afrique occidentale est bien à nous ; nous n'y avons rien à craindre. Je puis même vous donner ce détail inédit que l'année dernière, quand nous craignions d'avoir la guerre avec les Anglais, comme, les câbles sous-marins étant à l'Angleterre qui peut en disposer à son gré, les communications télégraphiques furent interrompues pendant une huitaine de jours, nos colonies d'Afrique occidentale, ne recevant plus aucunes nouvelles de France, purent croire que la guerre était déclarée. Sans attendre d'ordres — ce qui prouve l'esprit d'initiative de nos fonctionnaires — la mobilisation y fut décidée et l'on put, instantanément, organiser de solides troupes indigènes encadrées d'officiers et les mettre sur le pied de guerre. Et l'on vit que non seulement nous pouvions défendre nos cinq colonies, le Sénégal, la Guinée française, la Côte d'Ivoire, le Dahomey et le Congo, mais encore que très certainement les colonies anglaises enclavées dans nos territoires, comme ces bandes de lard que l'on pique dans un filet de bœuf pour le rendre plus savoureux, ces colonies, la Gambie, Sierra-Leone, le Lagos, étaient destinées à tomber entre nos mains. J'ose dire maintenant que l'expérience en a été faite, que, si une guerre éclate jamais, nous aurons certainement le plaisir de cueillir ces trois colonies et de les joindre aux nôtres.

Le troisième groupe inattaquable est Madagascar. Cette colonie n'est peut-être pas encore la belle colonie, riche et puissante, que quelques-uns avaient entrevue; mais ce qui est certain, c'est qu'avec le temps elle le deviendra. Dès maintenant, au point de vue militaire, Madagascar est inexpugnable; nous sommes en train de faire les travaux nécessaires pour fortifier Diégo-Suarez; nous allons, parmi les populations indigènes, former des contingents qui deviendront d'excellents auxiliaires pour la défense de la sécurité commune.

Enfin, le quatrième groupe est formé par l'Indo-Chine qui offre cette double sécurité de pouvoir se défendre et se nourrir elle-même, de pouvoir se suffire comme nourriture et de pouvoir s'entretenir en hommes et se ravitailler en munitions.

J'ajoute qu'à la tête de nos différentes colonies, nous avons eu la chance d'avoir souvent des hommes, gouverneurs civils ou généraux, qui étaient de taille à faire face à toutes les éventualités. Je peux citer, en me reportant seulement à l'année dernière, à Madagascar, le général Galliéni; au Soudan, le général de Trentinian; en Indo-Chine, le général Duchemin; et, à côté d'eux, des gouverneurs civils que je ne puis guère comparer, comme rôle en temps de guerre, et aussi comme mérite, qu'aux commissaires de la Convention. En songeant à eux, j'évoque par exemple, le souvenir de M. Doumer, en Indo-Chine, dont je puis dire : Si le pays peut être défendu, lui le défendra, et si quelqu'un ne doit pas capituler, lui ne capitulera jamais. Avec de pareils hommes, nous avons donc la plus entière sécurité.

Vous le voyez, une partie de notre domaine colonial est perdue d'avance jusqu'au jour du règlement de comptes final, et une partie est inattaquable, que l'ennemi ne prendra pas, où nous sommes même en mesure de procéder à une guerre de conquête si nous étions, un jour, dans l'obligation de nous battre.

IV.—Possibilité de tirer parti de notre empire colonial : émigration des hommes et des capitaux.

Après vous avoir expliqué pourquoi la France avait été obligée de faire de la politique coloniale, après vous avoir donné, du moins je l'espère, la certitude que nous avons de garder l'empire colonial que nous avons fondé, je voudrais vous parler de la possibilité de tirer parti de cet empire. Ici je fais allusion à un argument que vous rencontrerez souvent : « Vous avez des colonies, qu'allez-vous en faire ? Si vous voulez les peupler, où prendrez-vous les colons ? Où prendrez-vous des colons avec une population qui n'augmente pas ? » Cet argument n'a qu'une valeur apparente.

A l'époque de Louis XIII et de XIV, nous avions des colonies, comme le Canada et la Louisiane, qu'il fallait peupler. Peu d'indigènes dans ces pays. Pour les peupler, il fallait recourir à des citoyens, à des sujets français comme on disait alors. Notre pays, quoique moins peuplé qu'aujourd'hui, fournit le nombre d'habitants nécessaire. Peupler nos colonies fut la préoccupation constante de nos rois. Dans toutes les chartes accordées par Richelieu ou par Colbert, on rencontre cette mention que la compagnie devra, pour cultiver le sol, exporter des colons dans telle colonie, même dans celles où l'Européen ne peut pas travailler de ses mains, comme les Antilles. Le roi fut obéi et bien que la France ne renfermât alors que 20 millions d'habitants, bien que la traversée de l'Atlantique demandât alors sept ou huit mois pour les navires à voiles, toutes nos colonies, au bout de peu de temps, possédaient une population française importante, si bien que, lorsque intervint le désastreux traité de 1763, il y avait une population de 150.000

Français établie soit au Canada soit dans les Antilles. Aujourd'hui, demandent les adversaires de la politique coloniale, où les trouverait-on ces 150.000 habitants pour aller peupler les colonies lointaines ?

A quoi nous répondrons que ces 150.000 habitants, se trouveraient (témoin l'Algérie) mais qu'il n'en est pas besoin. Les colonies que nous avons sont peuplées, et, de plus, elles sont presque toutes situées sous les tropiques. Quelle est leur population ? On n'a pas jusqu'ici eu le temps d'en dresser une statistique exacte ; aucun recensement de nos populations coloniales, sauf dans l'Afrique du Nord, n'a encore été fait ; aussi les chiffres varient-ils de 50 à 100 0/0. Par exemple, voici l'Indo-Chine, qui est peut-être la meilleure de nos colonies ; on lui attribue une population qui varie entre 13.500.000 habitants et 24 millions. Un jour ou l'autre, quand nous serons complètement installés, nous connaîtrons le chiffre exact ; qu'il nous suffise, pour le moment, de savoir qu'il y a là une masse d'habitants. Par conséquent, nous n'avons pas à songer à y exporter des travailleurs. Et il en est de même de presque toutes les autres.

Je le dis tout de suite : nos colonies françaises ne se prêtent pas à l'émigration des gens pauvres, des simples travailleurs. D'autre part, ne l'oublions pas, quand même nous voudrions y exporter des travailleurs, le climat ne nous le permettrait pas.

Autrefois, au Canada — pays tout à fait comparable, à la rigueur de l'hiver près, au nord de la France — nous avons pu envoyer des habitants pris en Bretagne, en Normandie, et le Français qui s'en allait dans ce pays, pourvu qu'il fût de santé robuste, de bonne conduite et vigoureux au travail, avait sa fortune dans ses mains. Mais aujourd'hui vous ne pouvez envoyer des travailleurs dans nos colonies tropicales, pour deux raisons : parce que le climat y rend à l'Européen tout travail impossible ; il le terrasse et l'anémie ; et parce que le travailleur européen une fois installé dans le pays trouverait, à côté de lui, la concurrence, des indigènes qui résistent bien mieux au climat et coûtent bien moins cher.

J'appelle donc votre attention sur ce point : il est impossible d'exporter des travailleurs européens dans nos colonies tropicales.

Et ce n'est pas là un phénomème propre aux colonies françaises.

Voyez lés Indes Anglaises, placées comme les nôtres sous le tropique ; voyez les Indes néerlandaises, dans la région équatoriale. Les Indes anglaises, grandes comme l'Europe depuis Moscou jusqu'à Gibraltar, peuplées de 320 millions d'habitants, possédées par l'Angleterre d'une façon ininterrompue, depuis trois cents ans, sauf quelques petits points dans le Sud, à qui nous sommes attachés par nos souvenirs historiques et qui ont été laissés à la France — dans les Indes anglaises, savez-vous combien il y a de colons, non compris, bien entendu, les soldats ni les fonctionnaires ? Il y a 38.000 colons dans ce pays presque grand comme l'Europe.

Dans les Indes néerlandaises, qui comptent deux millions de kilomètres carrés, c'est-à-dire près de quatre fois la France, savez-vous combien on trouve de Hollandais, hommes, femmes, enfants et métis ? Cinquante mille (50.000).

Dans certains journaux vous lirez parfois que notre politique coloniale a été faite dans l'intérêt des étrangers, et que nos colonies sont pleines d'étrangers. Eh bien, en Indo-Chine, qui, mettant à part la Cochinchine, renferme actuellement de 3.500 à 4.000 Français, sur lesquels 1.200 à 1.500 colons, qui ne sont ni fonctionnaires ni soldats, savez-vous combien il y a de maisons étrangères ? Il y en a neuf. Je suis bien aise de vous donner cette indication. Mais rappelez-vous que dans ces colonies que nous possédons depuis seulement une vingtaine d'années, où nous sommes établis d'une façon solide depuis quelques années à peine, nous ne pouvons pas espérer mettre jamais des millions, ni même des centaines de milliers de Français. Quand nous aurons envoyé en Indo-Chine cinquante mille colons, c'est tout ce que le pays pourra accepter ; et encore faudra-t-il que ce chiffre soit réparti sur une longue suite d'années, car si nous envoyions chaque année deux ou trois mille colons, l'Indo-Chine en serait bien embarrassée.

Ce que je viens de vous dire répond d'avance à cette objection : La France n'a pas de population en excédent ; sa population n'augmente pas ; et s'il y a parfois une petite augmentation, cela ne provient pas de l'accroissement des naissances, mais d'une économie sur la mort. Quand vous entendrez dire cela, vous pourrez répondre qu'il n'est pas dans nos colonies actuelles besoin de beaucoup de colons, et que, lorsque ces colonies seront peuplées, nos colons y seront bien au large (je ne parle pas de l'Afrique du Nord, mais de nos colonies tropicales); quand elles seront peuplées, il y aura peut-être 100 à 150.000 colons au maximum.

Ces colons, nous n'aurons pas de peine à les trouver, nous les avons déjà. Je puis même vous donner ce détail significatif que l'*Union Coloniale*, après avoir fait une active propagande coloniale, est déjà obligée de remplir le rôle de filtre entre les colonies et les gens qui veulent partir. A beaucoup d'entre eux, aux moins bons, nous disons: « On ne passe pas »; quelques-uns sont assez adroits pour passer à travers les mailles de notre filet ; mais les autres ne passent pas et nous éliminons ainsi les mauvais éléments.

Pourquoi aurons-nous des colons? Nous en aurons, parce que coloniser est le désir du pays, et que c'est un de ses besoins. Il est bien certain qu'il y a trente ans, ou même vingt-cinq ans, à l'époque de notre grande poussée économique, quand nous vivions dans la quiétude la plus complète, quand nos besoins étaient moindres, quand nous n'avions pas à faire les réflexions salutaires que nous faisons aujourd'hui, on n'aurait pas trouvé beaucoup de colons. A cette époque, l'argent rapportait généralement 5 0/0; mille francs donnaient un intérêt de cinquante francs ; un homme qui possédait trente mille francs avait quinze cents francs de rente. Un fils de famille, qui, vers 1875 et même 1880, sortant du giron familial, se tournait vers son père et obtenait une certaine somme, trente mille francs par exemple, ne songeait nullement à aller dans les colonies ; avec ses trente mille francs, il achetait de bonnes rentes sur l'Etat qui lui rapportaient quinze cents francs de revenu. Puis, comme ce n'était pas suffisant pour vivre, il se tournait de nouveau du côté de l'Etat et lui demandait s'il ne pourrait pas lui donner une petite place, qui lui rapporterait encore disons quinze cents francs. Quinze cents d'une petite rente, quinze francs d'une petite place, cela faisait trois mille francs par an. Le jeune homme se tournait alors vers la société, faisait appel aux matrones avec lesquelles il était en relations et leur disait: Ne pourriez-vous pas me trouver une petite femme de trois mille francs ? Alors: quinze cents francs de la petite rente, quinze cents francs de la petite place, et trois mille francs de la petite femme, cela faisait six mille francs par an. Avec les six mille francs par an, on pouvait vivre modestement, mais tranquillement et ou pouvait se permettre le luxe d'un enfant, d'un petit enfant, mais d'un seul.

Ce temps est passé. L'argent ne rapporte plus 5 0/0, ni même 4, à peine 3, en attendant le 2 3/4. Quant aux places, le nombre des candidats est tellement disproportionné avec le nombre des places que les postulants se voient obligés d'attendre des années. Leurs trente mille francs ne leur permettent de prétendre qu'à une existence étroite, mesquine, avec la perspective d'une gêne continuelle, la difficulté d'élever leurs enfants et l'impossibilité de doter leurs filles.

Alors ceux qui ont une haute conception de leur dignité se tournent vers des carrières plus fructueuses et, avec le capital initial dont ils disposent, ils songent à se créer une situation meilleure que celle que leur offrirait la carrière de rentier, de fonctionnaire ou de mari.

Ces générations nouvelles se tournent donc vers les colonies, espérant trouver, sous des climats nouveaux, une concurrence moins active que dans la métropole, et, avec du travail, des chances de fortune plus hautes.

V. — Que peut-on espérer faire dans nos colonies?

Notre empire colonial date seulement de vingt ans. Je vous prie de bien vouloir retenir cette date: elle est extrêmement intéressante.

Car voici encore une des objections que vous rencontrerez le long de votre route: « Cette politique coloniale, nous savons ce que cela vaut. Qu'est-ce que vous avez su faire de toutes nos colonies depuis tant de temps que vous les possédez? »

Si nous ouvrons les livres, nous pouvons croire qu'il y a beaucoup de temps que nous avons des colonies. Mais supposez un homme, propriétaire depuis toujours de cinq hectares, héritant tout d'un coup d'un domaine de mille hectares, à qui l'on viendrait demander, un an ou deux après: Qu'avez-vous su faire, depuis tant de temps, de votre propriété de mille hectares?

Il est possible que nous ayons des colonies datant de Colbert et même de Richelieu ; mais elles ne comptent guère dans la politique coloniale actuelle. En 1763, nous avons perdu le Canada et les Indes ; un peu plus tard, Saint-Domingue, peut-être la plus belle des Antilles; en 1803, nous avons vendu la

— 10 —

Louisiane, si bien qu'en 1815 il ne nous restait plus alors que quelques morceaux épars ; tels les établissements, de l'Inde que nous énumérons orgueilleusement sur nos cartes et dans nos géographies, parce que cela fait bon effet, mais qui sont, en fait, quatre ou cinq malheureuses petites localités, grandes, savez-vous comme quoi ? Pondichéry, avec ses dépendances, grand comme Versailles. Mahé, Yanaon, Karikal et Chandernagor, toutes ensemble, moins grandes que le département de la Seine. Voilà ce que sont les établissements français de l'Inde. Après l'Inde, la Réunion qui a bien 175.000 habitants ; la Guadeloupe et la Martinique, qui les ont à peine. Puis la Guyane. La Guyane ? Elle a des ressources et elle a de l'avenir. Mais, en cinquante ans, nous y avons envoyé trente gouverneurs qui, naturellement, ont appliqué trente méthodes différentes. C'est là tout ce que nous avions en 1815.

Depuis 1815, nous avons bien conquis l'Algérie. Mais, pendant longtemps, nous n'avons pas su ce que nous en voulions ou devions faire ; aussi a-t-on pu dire qu'elle avait été un champ de manœuvres pour notre armée. La question algérienne n'a été envisagée convenablement que par un homme qui, seul, a compris ce que l'on y pouvait faire : c'est l'empereur Napoléon III, mais il ne put rien exécuter.

Notre véritable politique coloniale a commencé en 1880. Avant 1880, nous n'avions pas de politique coloniale. Si, en 1842, nous avons pris Taïti, ç'a été pour en faire un point d'attache pour notre flotte ; si, en 1852, nous annexons la Nouvelle-Calédonie, c'est pour en faire un lieu de déportation. La conquête de la Cochinchine, en 1863, est un incident.

L'idée coloniale n'a été ressuscitée qu'en 1880 par Gambetta, Jules Ferry et Paul Bert. Elle date de vingt ans. Cela, il faut bien haut le dire, car une politique coloniale ne peut pas donner de fruits en vingt ans. Le grand philosophe Bacon disait : « C'est tout juste si les plantations (c'était le mot anglais de l'époque pour dire colonies) produiront dans cinquante ans ; je croirais plutôt que ce sera dans cent ans ».

Il avait raison ; les entreprises coloniales ne produisent pas de fruits rapidement. C'est déjà une chose bien remarquable que nos colonies actuelles aient pu nous donner les résultats que nous avons obtenus.

Cependant, chaque jour, nous entendons dire : « Où sont les fruits de ces colonies que nous avons depuis si longtemps ? »

Ces colonies de vingt ans ne peuvent pas encore avoir donné de fruits. Tout ce qui autorise ces récriminations, c'est que trop de gens vantent nos colonies au delà de leur mérite. Des explorateurs enthousiastes, des géographes ingénus ne tarissent pas en dithyrambes sur ces colonies « où la terre s'offre en quantité illimitée », et sur cette terre qui est « d'une fertilité merveilleuse ». Quantité illimitée, fertilité merveilleuse, tels sont les clichés de nos manuels de géographie coloniale. Eh bien, il faut le dire hautement, il arrive que, même dans nos colonies les plus réputées, la terre est en quantité limitée et que cette terre est parfois d'une fertilité au-dessous du médiocre.

En Algérie, par exemple, sur laquelle, comme sur Madagascar, tel auteur que je ne citerai pas, a épuisé ses épithètes excessives, une enquête, datant de près de vingt ans, a démontré que les terres disponibles ne dépassaient pas 7 à 800.000 hectares, et nous savons tous que, passé la bordure en lisière le long de la mer, passé le Tell, arrivé aux Hauts-Plateaux, la terre ne mérite pas l'effort de la culture européenne.

Vous devrez remarquer que, dans tout ceci, je ne suis pas optimiste. Je vous dis la vérité sur les colonies ; je vous dirai dans un instant la vérité sur la colonisation.

. Les colonies toutefois ont quelque chose pour nous attirer. Elles ont de la terre à très bon compte, et elles ont des travailleurs, de la main-d'œuvre, à très bon compte également.

1° *La vérité sur la main-d'œuvre.* — La question de la main-d'œuvre cependant, il faut bien le dire, est actuellement le point noir de la colonisation. Il se peut très bien que, pendant dix ans, vingt ans, certaines de nos colonies aient à se débattre contre le manque de travailleurs. C'est ainsi qu'à Madagascar, on a toujours de la peine à s'en procurer. A défaut de travailleurs indigènes nés dans le pays, on allait autrefois chercher de la main-d'œuvre dans les Indes anglaises ; maintenant, on va au Tonkin, à Java ou sur la côte de Mozambique.

. Mais il y a d'autres colonies où le colon trouvera de la main-d'œuvre à bon compte, par exemple, en Indo-Chine où le salaire des travailleurs varie de 28 à 30 centimes par jour en Annam, et de 50 à 75 centimes et quelquefois 1 franc au Tonkin. C'est là une main-d'œuvre à bon compte.

2° *La vérité sur la terre aux colonies.* — Quant à la terre, voici ce qu'il y a de vrai : De la terre d'une fertilité suffisante, et pour rien ou presque pour rien. Il y a des colonies où l'on donne la terre, d'autres où on la vend, d'autres où on la loue. Pour ceux qui savent bien le fond des choses, vendre, donner et louer reviennent au même pour le colon. Mais il n'en est pas moins vrai que, pour le paysan français, le fait de donner de la terre sera toujours un très grand attrait, car il adore la terre ; il en connait la valeur, et, à ses yeux, un pays où l'on donne la terre doit être le paradis, l'Eldorado. Il y sera tout de suite attiré.

C'est pourquoi il faut bien lui dire la vérité : La terre même donnée n'a aucune espèce de valeur... Il n'y a que les socialistes pour croire que la terre a de la valeur en soi. Non, la terre n'a aucune valeur en soi. Au Congo, on donne de la terre, on en donne même beaucoup : des millions d'hectares. La Société des Sultanats de l'Oubangui, par exemple, a une concession de 14 millions d'hectares, c'est-à-dire plus du cinquième, près du quart de la surface de la France. Eh bien, cela peut plus tard prendre une grande valeur, mais, pour le moment, cela en soi n'en a aucune, parce que la terre ne vaut que par le travail qui y a été dépensé et par les capitaux qui y ont été enfouis.

Au Tonkin, on vous donne deux, trois, quatre mille hectares pour la somme de un franc. Ce franc ressemble à cette somme de 1 franc que l'on réclame quelquefois devant les tribunaux pour l'honneur. Ce franc est là pour affirmer le droit de propriété de l'État. L'État vous dit : Je vous vends cette terre parce que c'est mon droit, et ce droit je l'affirme par cette somme de un franc.

Si cette terre que l'on vous vend, que l'on vous donne plutôt, avait de la valeur, ces 4.000 hectares représenteraient une richesse *actuelle* pour le colon, surtout quand sa concession a la chance d'être bien placée, près d'un centre, le long d'un fleuve. Or, il arrive que, quand le colon veut emprunter dessus, il ne trouve pas seulement 500 francs. Donc, la terre en soi n'a pas de valeur. Elle n'a de la valeur que le jour où vous y avez travaillé, vous, vos enfants et vos petits-enfants, lorsque vous y avez dépensé votre temps, votre sueur, votre capital. Voilà ce qui fait la valeur de la terre.

Et cette terre que l'on vous offre, que l'on vous donne pour

cette misérable somme de un franc, ce n'est pas de la terre en
Beauce, croyez-le bien ; ce n'est pas deux, trois ou quatre
mille hectares de terres présentant cette belle couleur brune
que l'on voit à nos terres en France en octobre après les
labours. Ce que l'on vous donne, c'est 4.000 hectares de forêt,
ou, si vous êtes plus heureux, c'est 4.000 hectares de brousse,
auquel cas vous n'avez qu'à y mettre le feu ; les cendres ser-
viront de première fumure, et quelques jours après on peut
commencer le travail.

Lorsqu'on vous parlera de la richesse de la terre dans nos
colonies, je vous prie de vous rappeler ce que je viens de vous
expliquer et de bien dire à vos auditeurs ce que vaut la terre
que l'on y donne : ce n'est pas de la terre de France.

Quand, il y a quelques années, eurent lieu à Paris les magni-
fiques fêtes organisées à l'occasion de la visite de l'Empereur et
de l'Impératrice de Russie, on fit venir d'Algérie et de Tunisie
des caïds qui, montés sur leurs beaux chevaux arabes à la
croupe vêtue d'une sorte de jupe de soie brillante, firent tant
de sensation dans le cortège. On avait eu la bonne idée de les
faire voyager par chemin de fer et de jour, afin de leur montrer
le pays. Ils purent donc admirer nos richesses agricoles et
industrielles. Mais ce qui les étonna le plus, et qui en même
temps les rendit soupçonneux, ce fut de voir partout, durant
leur voyage, de la terre cultivée. Ils demandèrent jusqu'où
s'étendait cette terre cultivée ?... Ils croyaient peut-être qu'il
n'y en avait qu'une largeur de quelque 3 ou 400 mètres à droite
et à gauche de la ligne du chemin de fer. Ils venaient d'un
pays où la masse des champs incultes l'emporte de beaucoup
sur les champs cultivés, et ils traversaient une contrée de
vieille civilisation où il n'y a pas un pouce de terre qui soit
resté sans culture.

Lorsque vous parlerez des colonies devant vos élèves ou
devant leurs parents, dites-leur bien qu'il ne faut pas qu'ils
s'attendent à y trouver partout la culture, ni des terres comme
celles que nous avons en France, où ils n'auront qu'à semer.
Non, ils trouveront un terrain couvert d'arbres qu'ils devront
abattre à la cognée, ou de brousse qu'ils devront détruire
par le feu, avant de pouvoir y mettre la charrue. Oh, ils
n'y traceront pas ces sillons rectilignes qui font l'honneur de nos laboureurs français ; je n'en ai jamais vu dans nos
colonies. Aux colonies, quand on se trouve en face d'un arbre,

on le contourne ; quand on rencontre un buisson, de jujubiers
par exemple, on en fait le tour ; quand un arbre est tombé, on
le laisse ; s'il est bien tombé, tant mieux ; s'il est mal tombé
et barre la route, on y taille des marches pour passer par
dessus.

3° *La vérité sur la vie du colon.* — Il faudra aussi bien
appeler l'attention de vos auditeurs sur la dureté de la vie du
colon. C'est une vie extrêmement dure, plus dure que celle de
nos paysans, car il y a dans nos colonies, à la période actuelle,
une absence totale de confort. Le colon a, dans les premiers
temps, pour habitation une case en torchis couverte de
paille, comprenant généralement deux pièces : l'une pour la
famille du colon, lui, sa femme et ses enfants ; l'autre pour
les ustensiles.

Je recevais, il y a quelque temps, une lettre d'un candidat
émigrant qui me disait : « Je ne sais pas comment je vais
m'organiser. Est-ce que je ne puis pas emporter mes meubles
de salon, mes tapis et mes tentures ? Je lui répondis : « Pour
commencer, n'emportez rien ; vous ne sauriez où les mettre,
vous les laisseriez dans les caisses. »

Je le répète, il n'y a là, comme confort, rien qui ressemble
à la vie de notre pays.

4° *La vérité sur le commerce aux colonies.* — Dans ces colonies, où l'on peut avoir de la terre et de la main-d'œuvre à
bon compte — au moins dans quelques-unes d'entre elles —
les initiateurs de la nouvelle politique coloniale de la France,
Jules Ferry entre autres, s'étaient flattés que l'on trouverait
tout de suite des débouchés nouveaux pour notre commerce.
Ils avaient cru que l'on allait trouver, chez les vingt millions
d'habitants de l'Indo-Chine, chez les noirs de l'Afrique, chez les
Malgaches de la Grande Ile, chez les Arabes et les Kabyles de
l'Algérie et de la Tunisie, en un mot chez ces cinquante millions de sujets que la politique coloniale nous a donnés, des
consommateurs des produits de notre industrie. Les tisseurs,
par exemple, des Vosges, de Rouen et d'ailleurs, se dirent :
voilà cinquante millions de nouveaux consommateurs de nos
produits. Ils raisonnaient comme si ces indigènes allaient
consommer de leurs produits autant que le font les 38 millions
de Français.

Ils se trompaient. Vous voyez que je ne cache rien, que je n'exagère rien. De même que tout à l'heure j'ai fait des réserves en ce qui concerne la valeur de la terre, la vie du colon et le bien-être dans les colonies, de même, je fais maintenant des réserves sur la puissance d'achat de cette clientèle indigène. La réalité est celle-ci : cette clientèle, pour ainsi dire, n'existe pas. Ces cinquante millions d'individus ne sont pas des acheteurs de nos produits; ils ne sont pas acheteurs, parce qu'ils ne peuvent pas l'être. Pour faire du commerce, c'est comme pour se marier, il faut être deux. Les indigènes voudraient bien acheter, mais ils ne peuvent pas payer : c'est la seule chose qui nous divise, nous et eux.

Ils voudraient payer, mais ils ne peuvent pas ; ils n'ont pas le sou. Vous pouvez entrer dans un village malgache par exemple, et à moins que ce soit tout de suite après la récolte du riz, auquel cas ils ont encore un peu d'argent, vous pouvez leur demander de retourner leurs poches ; s'ils ont des poches, vous verrez qu'il n'y a rien dedans : entre cent indigènes, ils n'ont pas cent francs, parfois peut-être pas cent sous. Ils ne peuvent donc pas acheter nos marchandises. Le peu qu'ils en achètent, ce sont les articles de première nécessité, parmi lesquels figurent au premier rang les tissus de coton. Aussi, ne vendons-nous guère dans nos colonies que des cotonnades, et, de tous les industriels français, ceux qui se sont d'abord montrés les plus réfractaires à la politique coloniale, sont précisément ces fabricants de tissus de coton des Vosges et de Rouen qui, aujourd'hui, en retirent le premier bénéfice.

Les autres industriels ne vendent jusqu'ici que fort peu de leurs produits. Pourquoi? Est-ce que Gambetta, est-ce que Jules Ferry se seraient trompés en croyant trouver une clientèle dans nos colonies ? Non, ils ne se sont pas trompés sur le principe, mais ils se sont trompés sur l'époque. Ces gens qui ne peuvent pas acheter maintenant le pourront dans dix ans, dans vingt ans, quand nous les aurons enrichis, quand nos colons auront pris possession du sol et l'auront fertilisé par l'agriculture et, s'enrichissant, auront en même temps qu'eux enrichi les indigènes, leurs collaborateurs. Nous avons voulu mettre la charrue devant les bœufs; on n'a jamais vu de civilisation commencer par le commerce; toujours elle a commencé par le troc des produits naturels, puis par la culture.

Celui qui avait des bœufs les échangeait contre des chevaux ou contre des moutons ; celui qui possédait des troupeaux de moutons, les échangeait contre des chevaux, des bœufs ou des poulets. Mais ce n'était pas du commerce. Puis, les hommes des civilisations passées en sont arrivés à exploiter les produits du sol et du sous-sol ; avant de faire du commerce, ils ont commencé par faire de l'agriculture Jules Ferry, Gambetta et les autres, qui avaient voulu faire d'abord du commerce avec les indigènes, étaient de cinquante ans en avance. Nous ne sommes pas encore dans nos colonies à l'Age du commerce, nous en sommes à l'*Age de l'agriculture*. C'est donc de politique agricole que nous devons d'abord nous occuper.

C'est pour cela qu'à l'*Union Coloniale* nous ne parlons pas trop commerce dans nos conférences, nous parlons surtout agriculture ; c'est pourquoi nous nous adressons aux agriculteurs, à ces fils de paysans, qui seront des agriculteurs comme leurs pères, c'est-à-dire les agriculteurs les plus travailleurs, les plus tenaces, les plus courageux, les plus méritants qui soient au monde.

L'agriculture, à l'époque actuelle, je ne l'envisagerai que dans trois colonies seulement. Je ne vous parlerai pas de ce qui peut se faire ailleurs, de ce que l'on pourrait faire avec de gros capitaux, mais seulement de ce que pourrait faire un colon qui n'a qu'une petite fortune et qui consent à la risquer dans une entreprise coloniale.

5° *L'agriculture aux colonies.* — Cette agriculture pourra se faire : en Tunisie et en Algérie, dans notre Indo-Chine, enfin en Nouvelle-Calédonie. Partout ailleurs, ce serait prématuré avant quinze ans, vingt ans, peut-être même cinquante ans ou davantage.

Donc, aujourd'hui, l'Evangile, en matière coloniale, c'est l'agriculture. J'ai déjà prêché trois évangiles coloniaux ; j'en prêcherai peut-être plusieurs autres, car je me tiens au courant de tout ce qui se rapporte à la politique coloniale ; je reçois journellement des renseignements que m'adressent des colons que notre Société a déjà envoyés dans les colonies et qui me transmettent le résultat de leur expérience, et, à mesure que les renseignement m'arrivent, je modifie, comme il convient, ma manière de voir. C'est pourquoi je dis maintenant qu'il faut faire d'abord de l'agriculture aux colonies et qu'il n'y a guère que trois ou quatre colonies ouvertes à la colonisation agricole française.

Dans ces colonies ouvertes à l'agriculture, quels colons allons-nous envoyer? A quelle partie de la population allons-nous nous adresser pour l'inciter à tirer parti des richesses naturelles de nos colonies.

6° *Les colonies et la démocratie.* — Avant tout, je dois déclarer, comme je l'ai déjà indiqué, que dans nos colonies, ACTUELLEMENT, il n'y a pas de place pour les colons pauvres. C'est une chose extrêmement désagréable à dire, pour un démocrate comme moi. Mais, est-ce que la politique coloniale de la France a été une politique antidémocratique, comme cette déclaration pourrait le faire croire? Je me rappelle qu'étant au Tonkin, frappé de ce que je voyais, j'écrivis, sous l'inspiration de M. Paul Bert, au *Petit Journal* une lettre dans laquelle je priais ce journal de bien dire qu'il n'y avait pas encore de place dans les colonies pour les gens pauvres, pour ceux qui veulent travailler de leurs mains, parce qu'ils y rencontreraient la concurrence des indigènes qui travaillent à vil prix et qu'ils étaient, devant cette concurrence, exposés à mourir de faim. Si on persistait à les envoyer aux colonies, la seule chose à faire pour le gouvernement, après avoir payé leur transport, eût été de payer immédiatement leur voyage de retour; car il importe, pour sauver le prestige de la France, cet élément considérable de succès, de ne pas donner aux indigènes le spectacle d'un Français qui ne peut pas vivre par ses propres moyens.

Cette communication à la presse fut alors mal accueillie. Il est certain que, si c'était là une vérité éternelle, elle serait fâcheuse pour la démocratie française; cela semblerait faire croire que les colonies sont l'apanage des fils de la bourgeoisie, et que les gens de condition moyenne, que la masse de la population n'y aura pas de place.

Sous cette forme, cela est inexact. Voici la vérité: Toutes les entreprises sont difficiles, et, sauf de rares exceptions, que ce soit en France ou dans les colonies, elles ne peuvent être fondées qu'avec des capitaux. Mais à peine ces entreprises sont-elles constituées et développées qu'il s'y crée des emplois, et ces emplois ne demandent à ceux qui les veulent remplir que des aptitudes. Et alors, immédiatement voici qu'apparaît la place de la démocratie, car la nature n'a pas voulu que les aptitudes fussent réservées aux seuls fils de riches ; non, elle a mis aussi les aptitudes dans les cerveaux des pauvres et des gens de médiocre condition.

Les capitaux ont donc fondé une entreprise. Pour la faire prospérer, il faut faire appel aux talents de toutes catégories, lesquels se rencontrent dans toutes les classes de la population. Je ne saurais trop insister sur ce point, car c'est l'un, je dois le dire, des plus importants. J'y insiste encore.

Pour faire une entreprise coloniale, étant donné que l'on a la terre, la main-d'œuvre et la sécurité, il faut des capitaux. Pas d'entreprise coloniale, si l'on n'a pas la terre, la main-d'œuvre et les capitaux. Mais, quand vous avez les capitaux, quand vous avez la main-d'œuvre, quand vous avez la terre, vous n'avez rien ; de tous les éléments qui peuvent concourir à la fortune d'une entreprise quelconque, le plus important, et de beaucoup, c'est l'homme, c'est la tête directrice ; c'est celui qui mettra en mouvement et cette main-d'œuvre et ces capitaux. Vous voyez dès lors combien mon programme élargit le champ de ceux qui peuvent prendre part aux entreprises coloniales, car l'intelligence n'a pas été attribuée à une seule catégorie d'individus, elle est répartie à tous les échelons de la société. C'est la direction qui est la cheville ouvrière de toute organisation ; vous avez beau avoir la terre, des travailleurs, des capitaux, tout cela ne sera rien, si vous n'avez pas la tête directrice.

Dans ces derniers temps, il s'est fondé près de quarante sociétés coloniales au Congo ; je ne suppose pas que ce mouvement ait passé inaperçu à vos yeux. Cette immense colonie a été divisée en un certain nombre de concessions ; on a attribué des millions d'hectares à des Sociétés qui ont apporté des millions de francs de capitaux. Les capitalistes qui ont fondé ces quarante Sociétés ont cherché des hommes pour les diriger. Ils n'en ont pas trouvé facilement. Cela n'est pas étonnant. Est-ce qu'on s'est jamais occupé en France de faire des « hommes » ? On a produit des ingénieurs pour les chemins de fer, pour les postes, pour l'électricité, pour l'industrie ; on a produit des professeurs, des instituteurs, des ouvriers et des contremaîtres. On n'a jamais songé à « faire » des chefs d'entreprises coloniales.

Ces quarante Sociétés du Congo furent donc obligées, après

avoir engager tout ce qui se trouvait en France, d'aller soit chez les Anglais, soit chez les Allemands, soit chez les Belges, débaucher à prix d'or des directeurs d'entreprises. Il y a donc au Congo, à l'heure actuelle, pas mal d'étrangers à la tête de nos entreprises coloniales. Hâtons-nous de dire qu'il y a, en sous-ordre, des Français, de jeunes Français intelligents qui, d'ici à quelque temps, seront capables de les suppléer. Je dois ajouter aussi, qu'en revanche, à la tête de quelques-unes des plus grosses entreprises du Congo belge, se trouvent des Français, auxquels on attache un tel prix que, quand ces entreprises ont vu qu'en France on cherchait des hommes, elles ont aussitôt augmenté de 25.000 francs le traitement de leurs directeurs français, de peur que d'autres Sociétés ne vinssent les leur disputer.

Ce qui manque donc, dans les entreprises coloniales, c'est l' « homme », c'est le « directeur », qui sera appelé à jouer, dans les colonies, un rôle considérable à côté de ceux qui possèdent la terre et de ceux qui possèdent les capitaux. Il faut donc songer à faire l'éducation de ce futur directeur, à faire l'éducation du colon.

Que va-t-on lui enseigner ? Quelles qualités doit-il avoir ?

7° *L'éducation du colon.* — Je vous ai dit que, de tous les éléments qui sont nécessaires à toute entreprise coloniale : terre, main-d'œuvre, capitaux, direction; le plus important c'est le dernier, c'est l'homme.

Et je dis, maintenant : Dans l'homme, quel est le facteur le plus important ? Si l'on pose cette question devant une assemblée de Français, savez-vous quelle sera la réponse ? À l'unanimité : L'élément le plus important est l'*intelligence*.

Eh bien, pas du tout; et ce n'est pas soutenir un paradoxe que de dire que l'intelligence n'est pas une qualité de premier ordre. Elle n'est qu'une qualité de troisième ou même de quatrième ordre. Il faut avoir voyagé pour s'en apercevoir. Si vous allez chez les Anglais, chez les Allemands ou chez les Hollandais, dont les pays tiennent une place si considérable dans le monde, vous constaterez que ces gens sont en moyenne moins intelligents que nous. Mettez, par exemple, ensemble quatre personnes : un Français, un Anglais, un Allemand et un Hollandais ; neuf fois sur dix, le Français l'emportera par l'intelligence. En sorte que si l'intelligence était la première des qualités, nous serions le premier des peuples.

Mais qu'est-ce que c'est que l'intelligence ? Bien peu de chose : c'est l'aptitude à saisir les raisonnements d'autrui. C'est le fait de comprendre. Mais dans la vie il ne s'agit pas seulement de comprendre : il s'agit d'observer, de raisonner ; non pas de suivre des raisonnements d'autrui, mais de faire soi-même les raisonnements, de savoir observer, de savoir juger, enfin de savoir agir. Trois choses : observer les faits ; d'après les faits observés, se faire un jugement ; et d'après le jugement, passer à l'action et poursuivre cette action.

En face de tout cela, qu'est-ce que posséder de l'intelligence pour comprendre ? Rien qu'un agréable passe-temps ; et voici que du premier rang où nous la mettions, l'intelligence passe au quatrième rang.

Il ne s'agira donc pas pour le futur colon de posséder tout d'abord l'intelligence : vous devrez, avant tout, fonder son *jugement*, vous devrez fonder son *caractère*, vous devrez fonder sa *conscience*. Voilà les trois points sur lesquels je me permets d'appeler votre attention.

Je dis : former surtout la *conscience*. Pourquoi ? Parce que pendant de longues années encore, le colon vivra dans la solitude. Je vous ai déjà dit qu'il faudra bien expliquer à ceux qui écouteront vos leçons que, dans les colonies, on n'a pas pris le soin d'attraper d'avance des alouettes, de les faire rôtir et de les tenir en l'air pour qu'elles n'aient plus qu'à tomber dans la bouche du colon quand il arrivera. Non, le colon devra savoir tirer le miroir aux alouettes, il devra savoir les tuer, les plumer, les vider et les faire cuire ; après quoi, il sera temps de se mettre à table.

Et il en sera de même pour tout, par cette raison que le colon vit dans l'isolement. Nous autres, Français, qui habitons les villes ou la campagne, nous ne savons pas ce que c'est que la solitude. Notre maison est quelquefois à cinquante, à cent mètres de la maison voisine, et celle-ci nous paraît éloignée ; quand notre champ est à un kilomètre de notre maison, il nous semble très loin. Mais, dans les colonies, avoir sa maison à cent cinquante mètres d'une autre, ce serait s'écraser les uns sur les autres, à ne pouvoir se remuer, ce serait ne pas avoir la liberté de ses mouvements. On est souvent à cinq ou six lieues de son plus proche voisin ; si vous habitez sur une éminence, vous voyez, tout au loin, quelquefois avec une jumelle, un toit rouge : c'est là que demeure votre plus proche voisin. Cela implique la solitude, car vous avez votre champ à cultiver, votre maison à mettre en mouvement, vous n'aurez pas le temps d'aller chez le voisin. Vous êtes obligé de vous suffire à vous-même, en toutes circonstances, au point de vue du savoir, au point de vue de l'activité, au point de vue de la conscience.

Encore une fois donc j'appelle votre attention sur ce mot : conscience. Quand nous sommes en France, nous sommes encadrés à droite et à gauche, devant et derrière. Si nous commettons quelque chose qui soit contraire à la loi morale, nous avons des gens qui peuvent nous le signaler, par bienveillance ou par malveillance. Si nous commettons une faute grave, la société nous mettra au ban de l'opinion. Mais, dans les colonies, le colon sera tout seul, sans rien autour de lui qui puisse le guider. Sur sa terre, il a pu attirer des centaines d'indigènes auxquels il a donné une certaine quantité de terre à cultiver; il peut avoir au-dessous de lui cinq cents, mille individus, toute une population qui dépend uniquement de lui. Sur son domaine, il est le premier après Dieu, comme le capitaine sur son navire. Il peut commettre toutes les injustices, et, durant des semaines, durant des mois, rien ne peut l'arrêter; il faut donc que le colon soit son propre réservoir de conscience; car il a cent fois plus besoin de conscience que s'il vivait dans la métropole.

J'ajoute qu'il faut qu'il ait une forte conscience, non pas seulement au point de vue de la morale, mais aussi au point de vue de son intérêt. Ces indigènes, ces gens qui sont sur votre domaine, vous croyez que vous les tenez parce que vous leur avez donné deux ou trois hectares de terre à cultiver. Mais vous ne les tenez pas : ils ne sont pas comme nos paysans français, comme nos métayers qui sont attachés à la terre, qui souvent ont loué pour leur propre compte deux ou trois hectares à côté de ceux que vous leur avez donnés à métayage, qui ont avec eux, toute une installation, tout un mobilier de famille, la commode, l'armoire, vieux meubles, chers souvenirs qui ont parfois deux cents ans; un tel homme, ce métayer français, ne peut facilement se déplacer. Mais l'indigène, votre métayer à vous colon, n'a rien. Vous l'avez attiré en lui faisant des avances; vous lui avez donné 10 piastres pour se bâtir un abri, vous lui avez donné 40 piastres pour s'acheter une paire de buffles. Il vous rembourse cette avance en deux ou trois ans. Mais si vous commettez une iniquité vis-à-vis de lui, si au moment du partage des produits, vous êtes injuste, il ne proteste pas, mais il s'en va. Sa maison? Elle vaut bien vingt-cinq francs (qui parfois vous sont encore dus); ce qu'il a dedans ne vaut pas grand'chose. Ses buffles? Il les emmène. Il abandonne tout le reste : il abandonne la maison, il abandonne la terre, et son départ peut vous ruiner.

Il faut donc que, dans son propre intérêt, le colon soit d'une conscience absolue.

Outre la conscience, il faut qu'il ait aussi du *caractère*. Du caractère? C'est là une chose qui chez nous n'est pas très commune. L'intelligence, nous le savons, est fréquente en France. Mais le caractère ? Les Français n'en ont guère. Depuis 1789, combien avons-nous fait de révolutions? on ne les compte plus. C'est un signe de manque de caractère. Cette constitution ne va pas, disons-nous, faisons-en une autre. Dans l'ordre colonial, c'est la même chose. Un colon se lance dans la culture du riz; il n'est pas riche encore au bout de deux ans : je vais faire du café, dit-il ; au bout de quatre ou cinq ans, le café ne rend pas ce qu'il en attendait, il plante du coton ; si bien qu'à la fin, rien n'a réussi, et il s'est ruiné. Le véritable colon ne change pas facilement la voie dans laquelle il est entré. Quand vous aurez décidé un colon, dites-lui bien qu'avant de choisir son domaine, son genre de culture, etc., il a tout intérêt à perdre une année à étudier la colonie où il veut s'établir. Ce sera du temps économisé que celui qu'il consacrera à un stage qui lui permettra d'observer, d'étudier, de se rendre compte ; ce sera le meilleur emploi qu'il pourra faire de son temps. L'argent qu'il aura dépensé à ce stage ne sera certes pas perdu. Puis quand il aura pris une décision, qu'il s'y tienne et qu'il y persévère jusqu'au moment où le succès viendra.

Donc, après avoir fondé chez le futur colon la conscience vous devrez fonder aussi le caractère.

Il ne me reste plus qu'à vous parler de l'*enseignement*. Vous êtes bien plus compétents que moi en la matière. Laissez-moi toutefois vous dire que j'estime que l'enseignement primaire supérieur est ici à peu près l'idéal. Sans doute cela dépend de la classe à laquelle appartient le colon ; mais, d'une façon générale, je considère que c'est le meilleur enseignement qu'on puisse donner au futur colon. Sans doute aussi, il n'y a pas de programme universel, ni de programme qui puisse convenir à tous les colons; il faut à chacun un programme adapté à sa condition future. Si cet homme doit, à quinze ans, gagner sa vie, il lui faut recevoir une certaine instruction pratique et terminée de bonne heure; s'il est le fils de parents riches qui peuvent longtemps faire les frais de son instruction, alors qu'il aille jusqu'à l'enseignement supérieur.

Il semblerait que pour aller dans les colonies, il ne soit pas nécessaire d'être bien savant. On se demande : Est-ce bien utile d'apprendre le grec et latin? Est-il indispensable de posséder une haute culture littéraire? Pour répondre à cette question, retenez ceci, que le colon vit seul. Dans sa solitude, peut-être sera-t-il très heureux d'avoir reçu une forte culture littéraire.

D'autre part, songez que ce colon doit faire sa fortune en vingt ou vingt-cinq ans. S'il va aux colonies à l'âge de vingt ans, il reviendra en France à quarante ou cinquante ans. Une fois rentré en France, ne sera-t-il pas content d'avoir reçu une bonne instruction? Après avoir vécu d'une vie solitaire, ne sera-t-il pas désireux de rentrer dans la société, de prendre part à la vie publique, de participer à l'administration ou à la vie politique de son pays? Il n'est donc pas inutile qu'il ait reçu, dès l'école, une forte, une solide éducation.

Mais ce sera là le cas de quelques unités dans la masse. Pour la grande majorité, l'enseignement qui semble le mieux convenir, c'est celui de l'école primaire supérieure, avec quelques additions au programme habituel de cette école.

La première addition sera la connaissance *parfaite* d'une langue vivante: l'anglais. C'est la langue du colon; en effet, il n'est pas une colonie française qui n'ait pour voisine une colonie anglaise; il est donc certain que le colon français aura souvent l'occasion de commercer avec des colonies anglaises. D'autre part, s'il comprend l'anglais, cela lui permettra de de profiter des intéressantes publications anglaises qui paraissent en Angleterre sur les cultures tropicales, le café, le caoutchouc, le coton, l'abacca, le thé, la vanille, etc., et dont nous ne pouvons guère encore nous passer.

Il est nécessaire aussi que les élèves apprennent une comptabilité agricole bien organisée. La comptabilité commerciale est relativement simple; la comptabilité agricole est compliquée. Elle se composera de deux parties : la partie « argent » et la partie « matières ». Cette comptabilité « matières », qui a embarrassé pendant si longtemps nos administrations publiques, est quelque chose de très compliqué. Vous récoltez de l'orge; vous la vendez; cela fait tant d'argent reçu. C'est bien. Mais vous avez trois chevaux à nourrir; il vous faut tenir compte de l'orge que vous leur donnez chaque jour. Vous avez un pré, vous vendez votre foin; c'est très bien; mais vous avez un certain nombre d'animaux, de race bovine ou de race chevaline; il vous faut tenir compte de ce que vous leur donnez en foin. La comptabilité « matières » doit être suivie avec la plus grande attention. J'ose dire que les agriculteurs qui tiennent convenablement cette comptabilité « matières » sont infiniment rares. Ne craignez donc pas de pousser à fond l'enseignement de la comptabilité agricole.

N'oubliez pas non plus que le colon doit vivre seul, qu'il ne rencontrera pas, comme au village, maréchal-ferrant, menuisier, charpentier, serrurier. Celui qui veut être colon doit être, comme je vous l'ai dit plus haut, son réservoir de conscience; j'ajoute qu'il doit être aussi son réservoir de science; il n'aura personne pour l'aider ni pour le conseiller. S'il a besoin de bois pour faire un hangar, il lui faudra couper un arbre à la forêt voisine, en calculer rapidement la taille, la hauteur, le volume; pour cela il ne peut pas, comme un gamin, monter à l'arbre muni d'une ficelle avec une pierre au bout, dont il mesurera ensuite la longueur avec son mètre. Il devra avoir fait des études de géométrie qui lui permettront de mesurer la hauteur d'un point inaccessible; il y a différentes formules de ce genre qu'il lui faut connaître.

Le colon doit avoir aussi des notions exactes de physique, de chimie, de météorologie.

Surtout vous devrez lui donner l'amour du travail manuel? Voilà encore une chose que le Français n'a pas appris à connaître et à aimer. Nous considérons le travail manuel comme indigne de nous. C'est pourtant le travail le plus profitable. Je crois que de ce côté, on pourrait trouver la solution d'une grosse partie de la question sociale dans ce pays où l'on voit des métiers manuels rapporter dix ou douze francs par jour, en face de fonctions bureaucratiques qui ne donnent que quinze cents francs par an.

Mais laissons de côté la question sociale. Dans les colonies un homme qui a l'habitude de manier les outils, qui sait se servir de la hache, de la cognée, de la bisaiguë, de la plane, de tous les instruments manuels, sera un homme de ressources. Et ce que je dis pour le travail du bois, je le dis également pour le travail du fer. Je sais bien que pour faire un maréchal-ferrant, c'est une affaire ; mais je ne prétends pas qu'il lui soit nécessaire de connaître à fond chaque métier. Le colon peut avoir besoin de poser un clou ou un fer à son cheval ; il faut qu'il sache distinguer parmi les indigènes celui qui saura le mieux s'en tirer. De même pour tous les métiers.

Il y a aussi la question d'hygiène et de médecine. Il y a des notions de climat, de régime, etc., il y a même telles recettes, tels remèdes de bonne femme qui pourraient former un bon complément d'enseignement.

Je dis enfin qu'il ne serait pas mauvais que le futur colon sût saigner et dépecer un cochon, qu'il sût faire des saucissons et des andouillettes, qu'il sût saler les jambons, etc. Ce sont là des connaissances qui nous paraissent en Europe bien superflues. Mais quand on est dans une ferme, à plusieurs lieues de toute habitation, on trouve que ce sont là des choses absolument indispensables.

Un dernier conseil

Ne cherchez jamais à forcer les vocations ; si même vous rencontrez des gens qui demandent à aller dans les colonies, ne les poussez pas, tout d'abord, découragez-les plutôt. Les colons ne doivent pas être alléchés par d'imprudentes promesses. Ne leur faites donc pas, pour les décider, miroiter le succès ; ne leur dites pas que dans les colonies tout sera pour le mieux. C'est seulement lorsqu'ils auront, en quelque sorte, forcé votre volonté, lorsqu'ils vous auront dit : « Je veux partir », qu'à à ce moment, il faut vous mettre à leur disposition. Fournissez-leur d'abord tous les renseignements que vous possédez sur la colonie où ils désirent s'établir, sur ce qu'ils y peuvent faire. Ensuite, adressez-vous à nous pour les renseignements complémentaires sur quelque colonie que ce soit.

Je n'ajoute plus qu'un mot. Envoyé par l'*Union coloniale française* et au nom de cette société, je viens vous déclarer qu'elle est entièrement à votre disposition. Ce que j'ai pu vous dire aujourd'hui est forcément un résumé très incomplet de la question de la colonisation; je n'ai pu entrer dans les détails qu'elle comporte. Quand vous aurez besoin de renseignements plus complets, nous serons tout disposés à vous les fournir.

L'*Union Coloniale* se recommande par le caractère exact, précis des renseignements qu'elle fournit. Elle n'envoie jamais d'imprimés *seuls*; elle sait qu'on n'attache pas beaucoup d'importance aux imprimés. Elle écrit des lettres personnelles pour chaque cas particulier. Quand elle envoie un livre, elle y joint une lettre dans laquelle elle renvoie au livre, elle dit : Vous trouverez tel renseignement à telle page, et tel autre renseignement spécial à telle autre page; et bien souvent encore on lui répond qu'on n'a pas trouvé ce renseignement.

A votre appel, nous vous fournirons des renseignements abondants et sûrs; nous vous assisterons de toutes les manières, car nous avons déjà une certaine habitude de manier la pâte coloniale. Mais notre grande force c'est notre dévouement. Nous prenons le colon, depuis le village où il réside jusque dans la colonie où il veut se fixer. Nous le faisons arriver à Marseille sans qu'il lui en coûte grand'chose; à Marseille, il trouve quelqu'un qui le reçoit, le pilote et le conduit jusqu'au bateau (le voyage sur le bateau est gratuit); quand il débarque dans la colonie, là encore il trouve des gens qui l'attendent, qui l'assistent, qui lui donnent des encouragements, le réconfortent et vont même jusqu'à l'accompagner sur le terrain de sa concession, et le mettent en rapport avec des colons déjà établis. Là, il verra quelle admirable solidarité unit les colons; ceux-ci n'ont pas des ressources considérables, néanmoins, ils accueillent le nouveau venu, ils l'hébergent, l'instruisent et lui font part de tout ce qu'ils ont acquis par leur expérience personnelle : c'est une grande famille française qui accueille le nouveau colon.

Dans sa colonie, l'*Union Coloniale* continuera à le suivre; elle lui servira d'intermédiaire en France; elle le recommandera à ses amis, à l'administration; enfin, si une heure vient où il a besoin de plus de capitaux, elle s'efforcera de les lui trouver. L'*Union Coloniale* prend donc le colon par la main depuis son village jusque dans sa concession et elle ne l'abandonne pas.

En terminant, Messieurs, je vous rappelle que, dans quelque

ordre d'idées que ce soit, du moment qu'il s'agit des choses coloniales, nous sommes à votre entière disposition. Chacun de vous peut se considérer comme créancier de l'*Union Coloniale Française*. Vous avez bien voulu faire crédit au conférencier, c'est bien le moins que, rentré chez lui, il fasse crédit aux traites que vous tirerez sur lui. Aucune d'elles ne sera protestée.

Imprimerie PAUL DUPONT, 19, rue du Croissant, Paris. — 6-1900

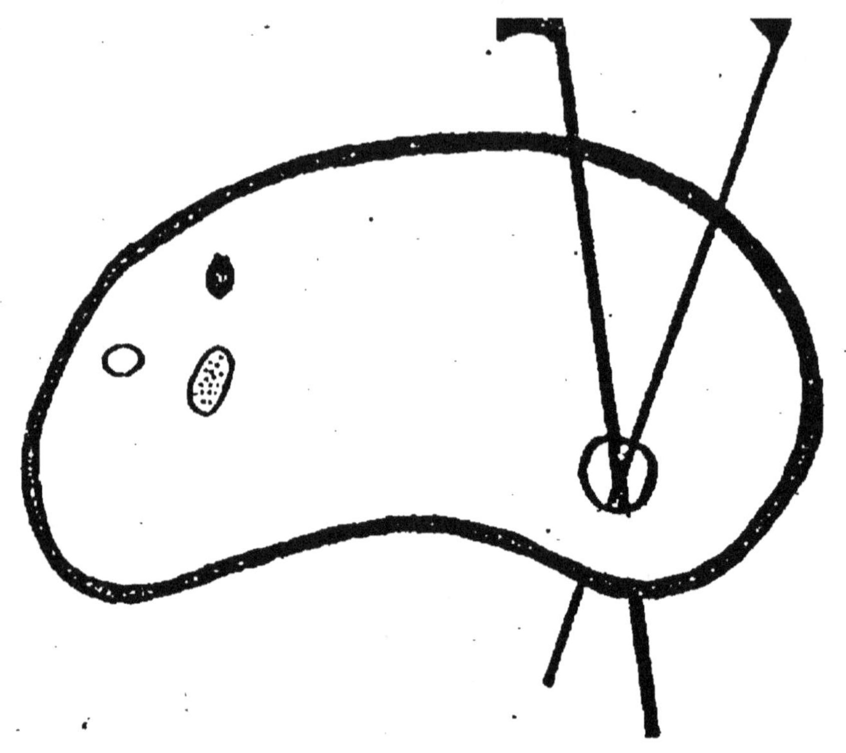

ORIGINAL EN COULEUR
NF Z 43-120-8